ATTENDEZ-MOY SOUS L'ORME

COMEDIE.

SCENE PREMIERE.

DORANTE, PASQUIN.

PASQUIN.

POUR m'expliquer en termes plus clairs, j'ay avancé la dépense du voyage depuis nostre Garnison jusqu'à ce Village-cy nous y avons déja sejourné quinze jours sur mes crochets, je vous prie que nous contions ensemble, & je vous demande mon congé.

DORANTE.

O palsanbleu tu prens bien ton temps.

PASQUIN.

Hé puis-je le mieux prendre, Monsieur, vous venez d'estre reformé, il faut bien que vous reformiez vostre train.

DORANTE.

Pasquin quitter le service d'un Officier, c'est se broüiller avec la fortune.

PASQUIN.

Ma foy, Monsieur, je me suis broüillé avec elle dés le jour que je suis entré chez vous, mais Dieu mercy je suis au dessus de la fortune. Je veux me retirer du monde.

DORANTE.

Le fat, ô le fat !

PASQUIN.

Ouy, Monsieur, j'ay fait depuis peu des reflexions morales sur la vanité des plaisirs mondains : Je suis las d'estre bien battu & mal nourry, je suis las de passer la nuit à la porte d'un Lansquenet, & le jour à vous détourner des Grisettes. Je suis las enfin d'avoir de la condescendance pour vos débauches, & de m'enyvrer au buffet pendant que vous vous enyvrez à table. Il faut faire une fin, Monsieur,

& je vay me rendre. Je vay me rendre mary d'une certaine Lisette, qui est le bel esprit de ce Village cy. Les plus jolies filles de Poitou la consultent comme un oracle, parce qu'elle a fait ses études sous une coquette de Paris, c'est là où elle est devenuë amoureuse de moy.

DORANTE.

Hé je n'ay point encore trouvé en mon chemin cette Lisette si aimable, j'en sçais mauvais gré à mon étoile.

PASQUIN.

Ce n'est pas vostre étoile, Monsieur, c'est moy qui ay pris soin de vous cacher Lisette, je l'ay trouvée trop jolie pour vous la faire connoistre; mais cette digression vous fait oublier qu'il s'agit entre vous & moy d'une petite regle d'Aritmetique; Il y a huit ans que je vous sers à vingt-cinq écus de gages. Somme totale six cens livres, surquoy j'ay receu quelques coups de canne, coups de pied au cul; partant reste toujours six cens livres que je vous prie de me donner presentement.

DORANTE.

Quoy j'ay eu la patience de garder huit ans un coquin comme toy.

PASQUIN.

Tout autant, Monsieur.

DORANTE.

Un maraut.

PASQUIN.

Ouy, Monsieur.

DORANTE.

Huit ans un Valet à pendre.

PASQUIN.

Ah.

DORANTE.

A noyer, à écraser.

PASQUIN.

Il y a du malheur à mon affaire; vous avez esté jusqu'à present tres-content de mon service, & vous cessez de l'estre dans le moment que je vous demande mes gages.

DORANTE *se radoucissant.*

Pasquin, ce n'est pas d'aujourd'huy que je suis la dupe de ma bonté. Va, mon cher, je veux bien encore ne te point chasser de chez moy.

PASQUIN.

Vrayment, Monsieur, ce n'est pas vous qui me chassez, c'est moy qui vous demande mon congé, & les six cens livres.

DORANTE.

Non, mon cœur, tu ne me quitteras

point. Tu ne ſçais ce qu'il te faut. La vie champeſtre ne convient point à un intrigant, un fourbe.

PASQUIN.

Je ſçay bien que j'ay tous les talens pour faire fortune à la Ville; mais je borne mon ambition à Liſette, à qui j'aporte en mariage les ſix cens livres, dont je vay vous donner quittance.

Paſquin tire de ſa poche du papier.

DORANTE *luy arreſtant la main.*

Peſte ſoit du faquin; tu n'as que tes affaires en teſte. Parlons un peu des miennes. J'épouſe demain la petite Fermiere Agathe. J'ay ſi bien fait par mon manege, que le pere eſt à preſent auſſi amoureux de moy que ſa fille. Elle a dix mille écus Paſquin.

PASQUIN.

Vous n'avez que vos affaires en teſte, reparlons un peu des miennes.

DORANTE.

Agathe m'attend chez elle à quatre heures, & avant que d'y aller j'ay à regler certaines choſes avec le Notaire.

PASQUIN.

Monſieur il n'y a que deux mots à mon affaire.

DORANTE.

Le Notaire m'attend Pasquin.

PASQUIN.

Mon congé & mes gages.

DORANTE.

Oh puisque tu veux absolument que nous finissions d'affaire ensemble...

PASQUIN.

Si ce n'estoit pas pour une occasion aussi pressante.

DORANTE.

Il faut faire un effort.

PASQUIN.

Je ne vous importunerois pas.

DORANTE.

Quelque peine que cela me fasse.

PASQUIN.

Voicy la quittance.

DORANTE *prend la quittance.*

Va, je te donne ton congé.

PASQUIN.

Et mes gages Monsieur.

DORANTE.

Tu m'atendris Pasquin, je ne veux pas te voir davantage.

SCENE II.

PASQUIN *seul.*

LE scelerat ! je n'ay plus rien à ménager avec cet homme-là. Lisette me sollicite de rompre son mariage avec Agathe : Allons voir ce qui en sera.

SCENE III.

PASQUIN, LISETTE.

PASQUIN.

HA te voilà.

LISETTE.

Il y a une heure que je te cherche. Es-tu d'accord avec ton Maistre.

PASQUIN.

Peu s'en faut. Il ne s'agissoit entre luy & moy que de deux articles. Je luy demandois mon congé & mes gages, il a partagé le different par moitié, il m'a donné mon congé, & me retient mes gages.

LISETTE.

Et tu gardes des mesures avec cet homme là ? Te feras-tu encore tirer l'oreille pour m'aider à rompre son mariage en faveur de mon pauvre frere Colin, a qui Agathe estoit promise. Il ne tient qu'à toy de rendre la joye à tout le Village. Ce n'estoit que festes, danses & chansons preparées pour les nopces de Colin & d'Agathe, & depuis que ton Officier réformé est venu nous enlever le cœur de cette jolie Fermiere, toute nostre galanterie Poitevine est en deüil.

PASQUIN.

Je ne manque pas de bonne volonté, mais je considere....

LISETTE.

Et moy je ne considere plus rien, je suis bien sotte de prier quand j'ay droit de commander. Colin est mon frere, & s'il n'épouse point Agate par ton moyen, Lisette n'épousera point Pasquin.

PASQUIN.

Ouais, tu me mets bien librement le marché à la main.

LISETTE.

C'est que je ne suis pas comme la pluspart de celles qui font de pareils marchez, je ne t'ay point donné d'aires, & je rompray si....

PASQUIN.

Doucement. C'a que faut-il donc faire pour ce petit frere Colin? As-tu pris mes mesures avec luy.

LISETTE.

Des mesures avec Colin, bon. C'est un jeune amant à la franquette, qui n'est capable que de se tremousser à contre-temps. Il va, il vient, il pietine, il peste contre son infidelle, & toujours quelque raisonnement d'enfant qu'il veut qu'on écoute; enfin c'est un petit obstiné que j'ay esté contrainte d'enfermer, afin qu'il me laissast en paix travailler à ses affaires. Je croy que le voila encore.

SCENE IV.

COLIN, LISETTE, PASQUIN.

LISETTE.

QUoy petit lutin, tu seras toujours sur mes talons,

COLIN.

J'ay sauté par la fenestre de la salle où tu m'avois enfermé, pour te venir dire que tout le tripotage de veuve que tu veux faire pour attraper ce Dorante, par cy par là, tantia que tout ç'a ne vaut rien.

LISETTE.

Mort de ma vie si tu..

PASQUIN.

Laisse opiner Colin, il me paroist homme de teste.

COLIN.

Assurément. J'ay trouvé un secret pour Qu'Agathe me r'aime, & j'ay commencé à imaginer...

LISETTE.

Et va-t'en achever d'imaginer, laisse-moy executer.

COLIN.

O y faut que ce soit moy qui...

LISETTE.

O ce ne sera pas toy qui...

COLIN.

Je te dis que...

LISETTE.

Je te dis que tu te taise.

COLIN.

O c'est moy qui suis l'amoureux une

fois, je veux parler tout mon soû.

LISETTE.

O le petit mutin d'amoureux.

COLIN.

Tenez si Pasquin me dit que je n'ay pas pu d'esprit que toy pour ce qui est d'Agathe, je veux bien m'en retourner dans la salle.

LISETTE.

Ecoutons à cette condition.

COLIN.

C'est que j'ay eune ruse pour faire venir Agathe dans eun endroit où je vous cacheray tous deux.

PASQUIN.

Fort bien.

COLIN.

Et pi quand a sera là, je luy diray ça, gna personne qui nous écoute, n'esti pas vray Agathe qu'ou m'avez dit cent fois qu'ou m'aimiez, a dira, ouy Colin; car ça est vray n'esti pas vray, si rediray-je, que quand vous me dites ça, je dis moy que les paroles estoient belle & bonne, mais que ça ne tien guere, à moins qui n'y ait quelque chose là qui signifie qu'ou n'oseriez pu prendre d'autre mary que moy. Agathe dira, ouy Colin. N'est-il pas vray ce l'y feray-je, encore qu'un certain jour que l'épingle de vostre colet estoit défaite, je le soulevis tout doucement, tout doucement.

LISETTE.

O va donc plus viste, j'aime l'expedition.

PASQUIN.

Ce recit promet beaucoup au moins, & nous serons cachez pour entendre tout cela.

COLIN.

Assurément. Je ne barguigneray point à luy faire tout dire; car si a m'épouse, l'épousaille couvre tout, & sinon, je suis bien-aise qu'on sçache que la recolte appartient à sti qui a défriché la terre. O donc je diray à Agathe, n'esti pas vray quand j'en entr'ouvar vostre colet, que je pris dessous un papier dans vostre sein, & que sur ce papier vous m'aviez fagoté en la d'amour vostre nom parmy le mien, pour montrer ce que je devion estre l'un à l'autre.

PASQUIN.

Et a dira, ouy Colin.

COLIN.

O a dira peut-estre que c'est qu'a dormoit; mais je sçay bain qu'à ne faisoit que semblant, car à se réveilly tout juste

LISETTE.

Hé bien enfin quand elle aura tout dit?

COLIN.

Vous ſortirez tous deux de voſtre cache & vous luy direz Agathe, faut qu'on vous mariez rien qu'avec Colin tout ſeul , ou nous allons dire par tout qu'ous aymez deux hommes à la fois, o a ne voudra pas.

LISETTE.

O que ſi a voudra. Les femmes en font gloire.

COLIN.

Faire gloire d'aymer un autre que ſti avec qui on ſe marie ; non gnia point de femme comme ça dans tou le monde.

PASQUIN.

Colin n'a pas voyagé, ça je juge que Mr Colin imagine mieux que nous, mais nous executerons mieux que Colin. Partant condamné à retourner dans la ſalle juſqu'à ce que nous ayons beſoin de luy.

COLIN.

O ne vla-t'il pas qu'il dit comme Liſette, à cauſe que. . hé la la.

LISETTE.

O va donc, ou je ne me meſſe plus de s affaires.

COLIN.

J'y vas, mais j'enrage.

LISETTE *le poussant.*

Hé va donc.

SCENE V.

LISETTE, PASQUIN.

LISETTE.

OH nous voila délivrez de luy. C'a il s'agit de guerir Agathe de l'entestement où elle est pour ton Maître.

PASQUIN.

Hon, quand l'amour s'est une fois emparé d'un cœur aussi simple que celuy d'Agate, il est difficile de l'en chasser, il se trouve mieux logé là que chez une coquette.

LISETTE.

J'avouë que les grands airs de ton Maistre ont saisi la superficie de son imagination ; mais le fond du cœur est encore pour Colin : Finissons. Il faut empescher Agathe de sortir de chez elle, afin qu'elle ne vienne point rompre ces mesu res que nous avons prises. Comment nous y prendrons-nous.

PASQUIN.

Hom. Attendez ; nous luy avons fait venir des habits de Paris, si j'alois luy dire que mon Maistre veut qu'elle les mette, la coëffure seule suffit pour amuser une femme toute la journée.

LISETTE.

La voicy qui vient, songe à la renvoyer chez elle.

SCENE IV.

AGATHE, PASQUIN, LISETTE.

AGATHE.

OU est donc ton Maistre, Pasquin, il y a deux heures que je l'attens chez moy.

PASQUIN.

Vous vous trompez, Madame, mon Maistre est trop amoureux pour vous faire attendre.

LISETTE.

Je vous avois bien dit que ses empresſemens ne dureroient pas.

AGATHE.

O c'eſt tout le contraire, Liſette, Dorante doit eſtre aujourd'huy amoureux de moy à la folie ; car il m'a promis que ſon amour augmenteroit tous les jours, & il m'aimoit déja bien hier.

LISETTE.

En une nuit il arrive de grandes revolutions dans le cœur d'un François.

PASQUIN.

Ouy ſur la fin de ſiecle cy les amans & les ſaiſons ſe ſont bien dereglez ; le chaud & le froid ny dominent plus que par caprice.

LISETTE.

O en Poitou nous avons une regle certaine, c'eſt que le jour des nopces le termometre de la tendreſſe eſt à ſon plus haut degré, mais le lendemain il deſcend bien bas.

AGATHE.

Vous voulez me perſuader tous deux que Dorante ſera inconſtant ; mais il faudroit que je fuſſe folle pour craindre qu'il change. Quoy quand Colin me diſoit tout ſimplement qu'il me ſeroit fidelle, je le croyois, & je ne croirois pas Dorante qui eſt Gentilhomme, & qui fait des ſermens horribles qu'il m'aymera toujours.

PASQUIN.

En amour les sermens d'un courtisan ne prouvent rien, c'est le langage du pays.

LISETTE.

Si vous vouliez m'écouter une fois en vostre vie, je vous ferois voir que Dorante...

AGATHE.

Parlons d'autre chose, Lisette.

PASQUIN.

Elle a raison : parlons des beaux habits que mon Maistre vous a fait venir.

AGATHE.

Ah, Frontin, j'en suis charmée.

PASQUIN.

A propos, mon Maistre vouloit vous voir aujourd'huy parée.

AGATHE.

Je voudrois bien l'estre aussi, mais je ne sçay pas lequel je dois mettre des deux habits. Dis-moy, Pasquin, lequel aimara-t'il mieux de *deux noms d'habits à la mode*, l'innocente ou de la gourgandine.

PASQUIN.

La gourgandine a toujours esté du goust de mon Maistre.

AGATHE.

Il ſaut que les femmes de Paris ayent bien de l'eſprit pour inventer de ſi jolis noms.

PASQUIN.

Malepeſte leur imagination travaille beaucoup. Elles n'inventent point de modes qui ne ſervent à cacher quelque défaut. Falbala par haut pour celles qui n'ont point de hanches, celles qui en ont trop le portent plus bas. Le col long, & les gorges creuſes, ont donné lieu à la ſquinquerque; & ainſi du reſte.

AGATHE.

Ce qui m'embaraſſe le plus, c'eſt la coëffure. Je ne pourray jamais venir à bout d'arranger tant de machines ſur ma teſte, il n'y a pas de place pour en mettre ſeulement la moitié.

PASQUIN.

Oh quand il s'agit de placer des fadaſſes, la teſte d'une femme a plus d'étenduë qu'on ne penſe. Mais vous me faites ſouvenir que j'ay icy le livre inſtructif que la Coëffeuſe a envoyé de Paris, il s'intitule, *Les elemens de la Toillette, ou le Siſteme harmonique de la coëffure d'une femme.*

AGATHE.

Ah que ce livre doit eſtre joly.

LISETTE.

Et ſçavant.

PASQUIN *tirant un livre de ſa poche.*

Voicy le ſecond tome. Pour le premier, il ne contient qu'une Table alphabetique des principales pieces qui entrent dans la compoſition d'une commode : Comme

La Ducheſſe, le ſolitaire,
La fontage, le chou,
Le teſte à teſte, la culbute,
Le Mouſquetaire, le Croiſſant,
Le firmament, le dixiéme ciel,
La paliſſade, & la ſouris.

AGATHE.

Ah, Frontin, cherche moy l'endroit où le livre dit que ſe met la ſoury. J'ay un nœud de ruban qui s'appelle comme cela.

PASQUIN.

C'eſt icy quelque part : Attendez. Coëffure pour racourcir le viſage, ce n'eſt pas cela. Petits tours blonds à boucles fringantes pour les fronts étroits, & les nez longs. Je n'y ſuis pas. Suplemens ingenieux qui donnent du relief aux jouës plates. Ouais. Cornettes fuyantes pour faire ſortir les yeux en avant. Ha voicy ce que vous demandez. La ſoury eſt un petit nœud de nompareille qui ſe place dans le bois; nota qu'on appelle petit bois un paquet de cheveux herissez, qui garnissent le pied de la futaye bouclée, mais vous lirez cela à loisir. Allez viste arranger vostre toillette, je vous envoiray mon Maistre si-tost qu'il aura finy une petite affaire.

AGATHE.

Qu'il ne me fasse pas attendre au moins Adieu Lisette.

LISETTE.

Adieu Agathe. On vient à bout de tout en ce monde, quand on sçait prendre chacun par son foible. Les hommes par les femmes, les femmes par les habits; ça il faut à present nous assurer de ton Maistre.

PASQUIN.

Il est chez le Notaire, il faut qu'il repasse par icy pour aller chez Agathe, & je l'arresteray pendant que tu iras te déguiser en veuve.

LISETTE.

Recapitulons un peu ce déguisement. Tu es bien seur que ton Maistre n'a jamais veu la veuve.

PASQUIN.

Assurément. Sur la reputation qu'elle a dans Poitiers d'estre fort riche, mon fanfaron s'est vanté qu'elle estoit amoureuse de luy : pour se vanger elle a pris plaisir à se trouver masquée à deux ou trois assemblées où il estoit, de faire la passionnée; en un mot de se moquer de luy, trouvant toujours des excuses pour ne se point demasquer. C'est une gaillarde qui fait mille plaisanteries de cette nature pour égayer son veuvage.

LISETTE.

Puisque cela est ainsi, je contreferay la veuve comme si je l'estois.

PASQUIN.

Tant pis. Car on ne sçauroit bien contrefaire la veuve, qu'on n'ait contrefait la femme mariée. L'habit est-il prest?

LISETTE.

Ouy.

PASQUIN.

Voila mon Maistre qui vient.

LISETTE.

Amuse-le pendant que je me déguiseray, & aprés tu iras avertir Agathe qu'elle vienne nous surprendre, tu la feras écouter nostre conversation, laisse-moy faire.

PASQUIN *seul.*

Comment luy tourneray-je la chose. Mais il ne faut pas tant de façon avec mon Maistre, un homme qui se croit aimé de toutes les femmes en est aisément la dupe.

SCENE VIII.

DORANTE, PASQUIN.

PASQUIN.

MOnſieur, Monſieur.

DORANTE.

Ne m'arreſte point, Agathe m'attend.

PASQUIN.

Ce n'eſt plus de mes affaires que je veux vous parler à preſent.

DORANTE.

Je meurs d'impatience de la voir ; l'amour Paſquin, l'amour : Ah quand on a le cœur pris.

PASQUIN.

Fait comme vous eſtes, Monſieur, je n'euſſe jamais deviné que l'amour vous feroit perdre voſtre fortune.

DORANTE.

Que veux-tu dire par là.

PASQUIN.

Que voſtre amour pour Agathe vous fait manquer cette veuve de cinquante mille écus.

DORANTE.

DORANTE.

Hé ne t'ay-je pas dit que la sotte est devenuë invisible à Poitiers ?

PASQUIN.

Aparament elle vouloit éprouver vostre constance, l'heureux moment est venu. Elle est icy Monsieur.

DORANTE.

Est-il possible.

PASQUIN.

Il n'y a rien de plus vray, & depuis que vous m'avez quitté... Mais n'en parlons plus, vous avez le cœur pris pour Agathe.

DORANTE.

Acheve Pasquin, acheve.

PASQUIN.

Amoureux comme vous estes, vous ne voudriez pas rompre un mariage d'inclination pour vingt mille écus, plus ou moins.

DORANTE.

Il faudra se faire violence. Avec vingt mille écus on achete un Regiment, on est utile au Prince, tu sçais qu'un Gentilhomme doit se sacrifier pour les besoins de l'Etat.

PASQUIN.

Entre nous l'Etat n'a pas grand besoin de vous, puisqu'il vous a remercié de vos ſervices à la teſte de voſtre Compagnie.

DORANTE.

Parlons de la veuve Paſquin.

PASQUIN.

La veuve eſt venuë ce matin de Poitiers pour vos beaux yeux, & depuis que vous m'avez quitté, on vient de m'offrir de ſa part cent piſtoles, ſi je puis livrer voſtre cœur.

DORANTE.

Je ſeray ravy de te faire gagner cent piſtoles. J'aime à m'acquiter Paſquin.

PASQUIN.

En rabatant ſur les gages.

DORANTE.

C'a que faut-il faire mon cher cœur.

PASQUIN.

On eſt convenu avec moy que le hazard ameneroit la veuve ſous cet Orme dans un quart-d'heure.

DORANTE.

Bon.

PASQUIN.

J'ay promis que le meſme hazard vous y conduiroit auſſi.

DORANTE.

Fort bien.

PASQUIN.

Il faut que vous vous promeniez ſans faire ſemblant de rien. Elle va venir ſans faire ſemblant de rien. Pour lors vous l'aborderez vous, en faiſant ſemblant de rien, elle vous écoutera en faiſant ſemblant de rien. Voilà comme ſe font les mariages des Thuilleries.

DORANTE.

Parbleu tu es un homme adorable.

PASQUIN.

C'a preparez-vous à aborder la veuve en petit Maiſtre, cachez-vous un œil avec voſtre chapeau, la main dans la ceinture, le coude en avant, le corps d'un coſté, & la teſte de l'autre ; ſur tout gardez-vous bien de vous promener ſur une ligne droite, cela eſt trop bourgeois.

DORANTE.

Ce maraut là en ſçait preſque autant que moy.

PASQUIN.

Voïcy l'occaſion, Monſieur, de faire profiter les talens que vous avez pour le grand art de la minauderie. Ah ſi vous pouviez vous ſouvenir de cette mine que vous fiſtes l'autre jour à la Comedie : là, une certaine mine qui perdit de reputation cette femme à qui vous n'aviez jamais parlé.

DORANTE.

Que tu es badin ?

PASQUIN.

Voicy la veuve, Monſieur, faites ſemblent de rien. Hem, ſemblant de rien.

SCENE IX.

DORANTE, PASQUIN, LISETTE *en veuve.*

PASQUIN *faiſant ſigne à Liſette.*

N'Y a-t'il rien de nouveau en Catalogne? que dit-on de l'Allemagne; vous avez receu des lettres de Flandre. La promenade eſt bien deſerte aujourd'huy. De quel coſté vient le vent: Mon Dieu la belle journée.

DORANTE.

Frontin la veuve ſoupire.

FRONTIN.

Aparemment c'eſt pour le deffunt.

DORANTE.

Il faut un peu la laiſſer ronger ſon frein. Elle eſt ſenſible aux bons airs. Je me ſers de mes avantages.

PASQUIN.

Vous avez raiſon, voſtre geſte eſt tout plein de merite, & vous avez encore plus d'esprit de loin que de prés. Si elle vous entendoit chanter, elle seroit charmée Monsieur, ne sçavez-vous point par cœur quelque Impromptu de l'Opera nouveau.

DORANTE.

Je vay chanter pour me desennuyer un petit air que je fis à Poitiers pour cette charmante veuve. Hem.

DORANTE *chante.*

Palsembleu l'Amour est un fat, l'Amour
est un Fat.
Sans ègard pour ma naissance,
Il me fait soupirer, gemir, sentir l'absence
Comme un Amant du tiers Estat :
Palsembleu l'Amour, &c.
Il n'est point de belle en France
Que je n'aye soûmise à ce petit ingrat,
Et pour toute récompense
Il m'enchaîne comme un forçat.
Palsembleu l'Amour, &c.

PASQUIN *a parlé, après que Dorante a chanté.*

Vous estes l'Amour, Monsieur.

DORANTE, *il aborde la veuve.*

C'est assez la faire languir. Ciel ! quelle avanture Pasquin. Je croy que voila mon aimable invisible dont je te parlois.

PASQUIN.

C'est elle-mesme.

DORANTE.

Par quel bon-heur, Madame, vous trouve-t'on dans ce Village ?

LISETTE.

J'y venois chercher la solitude, & pleurer en liberté.

PASQUIN.

Retirons-nous donc, Monsieur : Il est dangereux d'interrompre les larmes d'une veuve. La veuë d'un joly homme fait rentrer la douleur en dedans.

DORANTE.

Je vous l'ay dit cent fois, charmante spirituelle, je suis le Cavalier de France le plus specifique pour la consolation des Dames.

LISETTE.

Un Cavalier fait comme vous ne sçauroit en consoler une, qu'il n'en afflige mille autres.

DORANTE.

Perisse de jalousie toutes les femmes du monde, pourveu que vous vouliez bien...

LISETTE.

Ah ! n'achevez pas, Monsieur, je crains que vous ne me faisiez des propositions que je ne pourrois entendre sans horreur ; car enfin il n'y a encore que huit ans que mon mary est mort.

PASQUIN.

Ah, Monsieur, vous allez r'ouvrir une playe qui n'est pas encore bien refermée.

DORANTE.

Ah, Frontin, je sens que mon feu se r'allume.

LISETTE.

Helas le pauvre deffunt m'aimoit tant!

PASQUIN.

Elle parle du deffunt, vos affaires vont bien.

LISETTE.

Il m'a fait promettre en mourant que *En baissant la voix.* je ne me remarierois point.

PASQUIN.

Profitez du moment, Monsieur, elle est femme, & puisque sa parole baisse, il faut qu'elle soit bien foible.

LISETTE *begayant.*

Je tiendray... ma promesse... ou bien...

PASQUIN.

Elle begaye, il est temps que je me retire.

SCENE X.

DORANTE, LISETTE.

DORANTE.

VA-t'en. Nous sommes seuls, Madame, accordez-moy donc enfin ce que vous m'avez tant de fois refusé à Poitiers, levez ce voile cruel...

LISETTE.

Monsieur, l'affliction m'a si fort changée....

DORANTE.

Hé je vous conjure...

LISETTE *d'un ton de precieuse.*

Je ne dors point, la fatigue du carosse, la chaleur, la poussiere, le grand jour, vous me trouverez laide à faire peur.

DORANTE.

Je vous trouveray charmante.

LISETTE.

Vous le voulez.

DORANTE.

Que vois-je !

LISETTE.

Puisqu'il faut vous l'avoüer, dés la seconde fois que je vous vis, je formay le dessein de faire vostre fortune, mais je voulois vous éprouver. Ah cruel falloit-il si-tost vous rebuter.

DORANTE.

Hé vous avois-je veu, Madame.

SCENE XI.

DORANTE, LISETTE, PASQUIN, AGATHE, *Pasquin amene Agathe pour écouter.*

AGATHE *à part.*

C'Est donc pour cela qu'il me faisoit tant attendre.

PASQUIN *à part.*

Ecoutez.

DORANTE.

Je l'avouë franchement, à vostre refus j'avois baissé les yeux sur une petite Fermiere, parce que je trouvois une somme d'argent pour netoyer de gros biens que j'ay en direction, mais d'honneur en honneur je ne l'ay jamais regardée que comme un enfant, une poupée avec quoy on se jouë, & depuis les charmantes conversations de Poitiers, vous n'avez point desemparé mon coeur.

AGATHE *à part.*

Le traitre.

LISETTE.

Aparemment que je vous crois, puisque je veux bien vous donner ma main ; mais avant toute chose, il faut que vous disiez à Agathe, en ma presence, que vous ne l'avez jamais aimée.

DORANTE.

En vostre presence.

LISETTE.

Quoy vous hesitez ?

DORANTE.

Nullement. Mais enfin dire en face à une femme que je ne l'aime point, c'est l'assassiner, le coup est mortel, Madame, & je dois avoir des ménagemens pour une pauvre petite creature qui...

LISETTE.

Qui ?

DORANTE.

Qui, puisqu'il faut vous faire la confidence, qui a eu pour moy certaines foiblesses. Je suis galant homme.

AGATHE *à part.*

Comme il ment !

DORANTE.

Mais Madame, je quitte tout pour vous suivre. Je me laisse enlever, je vous épouse, faut-il d'autres marques de mon amour.

LISETTE.

Au moins je vous ordonne d'aller tout presentement rompre l'engagement que vous avez avec le pere.

DORANTE.

Oh pour cela volontiers.

LISETTE.

Allez promptement, & revenez dans une demy heure m'attendre sous cet Orme.

DORANTE.

Je vay vous satisfaire.

LISETTE.

Sous l'Orme au moins.

SCENE XII.

AGATHE, LISETTE.

AGATHE *n'osant aborder la veuve.*

IL faut que je sçache d'elle ; mais me feray-je connoistre aprés ce qu'on luy vient de dire de moy.

LISETTE.

Mon Dieu la jolie mignonne ! qu'elle est aimable ! me voulez-vous parler ?

AGATHE *n'osant l'aborder.*

Non.

LISETTE.

Mais je crois vous avoir veu quelque part, n'estes-vous pas la belle Agathe.

AGATHE *n'osant l'aborder.*

Je ne sçay pas..

LISETTE.

Ne craignez rien, ma bouchonne, vous m'aviez enlevé mon Amant, mais je suis déja vangée, puisqu'il vous a sacrifiée à moy.

AGATHE.

Le traitre.

LISETTE.

Vous estes bien fâchée, n'est-ce pas, de perdre un si joly petit homme.

AGATHE.

Je ne suis fâchée que de ce qu'il vous vient de dire des faussetez de moy; il dit que j'ay eu des foiblesses pour luy! ah ne le croyez pas au moins, Madame, c'est un méchant qui en dira tout autant de vous.

LISETTE *rit.*

Ha ha.

AGATHE.

Vous riez, est-ce que vous me soupçonnez de ce que ce menteur là vous a dit.

LISETTE.

Dorante ne sçauroit mentir, il est Gentilhomme.

AGATHE.

Que je ſuis malheureuſe ! Quoy vous croyez.

LISETTE *ſe devoilant.*

Ouy je croy.

AGATHE.

C'eſt Liſette !

LISETTE.

Je croy, comme je l'ay toujours crû, que vous eſtes fort ſage, & que Dorante eſt le plus grand ſcelerat. Mais je ſuis contente, vous avez tout entendu. Ce n'eſt pas ſa faute, comme vous voyez, ſi je ne ſuis qu'une fauſſe veuve. Hé bien que vous dit le cœur preſentement ?

AGATHE.

Helas j'ay trahy Colin. Colin m'aime-t'il encore ?

LISETTE.

Il fera tout comme s'il vous aimoit, & ſi-toſt que vous luy aurez dit un mot, il ne ſongera plus qu'à ſe vanger de Dorante.

AGATHE.

Ah qu'il ne s'y jouë pas. Dorante m'a dit qu'il eſtoit bien méchant.

LISETTE.

Il s'agit d'une vangeance qui ſervira de divertiſſement à toute noſtre petite ſocieté galante. Il ſera berné qu'il ne manquera rien.

SCENE XIII.

COLIN, LISETTE, AGATHE.

COLIN *sans appercevoir Agathe.*

PAsquin me vient de dire que tout alloit bien, pourveu que je patientisse; mais quand je devrois tout gaster, je ne serois plus me tenir en place. Je sis trop amoureux.

AGATHE *fâchée d'avoir trahy Colin.*

Ah Colin, Colin.

COLIN *apercevant Agathe.*

Ce n'est pas de vous au moins que je dis que je suis amoureux : Il feroit bau var que j'aimisse encore eune... ingrate.

AGATHE

Il est vray.

COLIN.

Une... infidelle.

AGATHE.

Ouy Colin.

COLIN.

Eune changeuse.

AGATHE.

Helas je n'aime pas trop à changer,

mais c'est que cela me vint malgré moy tout d'un coup, parce que je n'avois jamais veu d'homme fait comme Dorante.

COLIN.

Ouy vous estes une traitresse.

AGATHE.

Oh pour traitresse non, ne vous avois-je pas averty que je voulois aimer Dorante.

COLIN *étoufant de colere.*

Eune... a ouf, gnia pu moyen de reteni mon naturel. Baille moy ta main.

AGATHE.

Ah Colin que je suis fâchée...

COLIN.

Ah que je sis aise moy.

LISETTE.

Vous allez user toute vostre tendresse, gardez en un peu pour quand vous serez mariez, vous en aurez besoin. C'a Dorante va venir m'attendre sous l'Orme, nous avons resolu de nous moquer de luy. Pierrot, Nanette & Licas nous doivent aider, ils sont là tous prests, les voicy. Qui vous a donc avertis qu'il estoit temps.

SCENE XIV.

LISETTE, COLIN, AGATHE, NANETTE, LICAS, PIERROT.

NANETTE.

Nous avons veu de loin qu'elle se laissoit baiser la main par Colin, nous avons jugé...

COLIN.

C'est signe qual a retrouvé l'esprit qual avoit pardu.

AGATHE.

Que je suis honteuse Nanette d'avoir esté trompée par un homme.

NANETTE.

Helas, a qui est-ce de nous autres que cela n'arrive point ! mais nous allons faire voir à ce petit coquet de Dorante, qu'il ne sçait pas son métier, puisqu'il donne le temps à une fille de faire des reflections.

LISETTE.

Tous vos petits roles de raillerie sont-ils prests.

NANETTE.

Bon, nostre Licas & nostre Pierrot feroient un Opera en deux heures.

LISETTE

LISETTE.

Oüy je vay vous donner vostre role.

NANETTE.

Voicy Dorante, retirez-vous, c'est à moy à commencer.

Ils se retirent, Dorante vient au rendez-vous que la veuve luy a donné.

SCENE XV.

DORANTE, NANETTE, LICAS, &c.

DORANTE.

VOicy à peu prés l'heure du rendez-vous; J'ay bien fait de ne point voir ny le pere ny la fille, si la veuve m'alloit manquer, je serois bien aise de retrouver Agathe. J'entens des Villageois qui chantent, laissons-les passer.

NICAISE *finissant une Chanson à une Paisane qui le fuit.*

NANETTE.

Mon pauvre Nicaise tu perd ton temps & ta Chanson. Il est vray que je t'ay aimé, mais c'est justement pour cela que je ne t'aime plus. Ce sont là nos regles.

NICAISE chante.

Lors que tu me promis sous cet Orme fatal,

Que je triompherois bien-tost de mon Rival,
Tu m'en voulus donner une preuve certaine.

Ah que n'en ay je profité,
Je ne serois plus à la peine
De te reprocher ton infidelité.

NANETTE.

Il est vray que ma franchise
Fut surprise
Par tes discours trompeurs, & par ton air charmant;
Mais j'ay passé l'écueil du dangereux moment.
J'ay pensé faire la sottise,
Tu ne m'as pas prise au mot,
Tu seras le sot, tu seras le sot, tu seras le sot.

DORANTE.

Ces Poitevines sont galantes naturellement; mais la veuve tarde beaucoup.

SCENE XVI.

DORANTE, PASQUIN.

PASQUIN.

AH, Monsieur, nous joüons de malheur.

DORANTE.

Qu'y a-t'il donc?

PASQUIN.

La veuve est partie, Monsieur, une de ses tentes est venuë l'enlever à ma barbe. Tout ce que la pauvrette a pû faire, c'est de sortir la teste par la portiere du carosse, & de me faire signe de loin qu'elle ne laisseroit pas de vous aimer toujours.

DORANTE.

Se seroit-elle moquée de moy.

PASQUIN.

Monsieur j'ay scellé vostre Anglois, le voila attaché à la porte; si vous voulez suivre le carosse, il n'est pas encore bien loin.

DORANTE.

Pasquin il faut aller au plus certain. Je vay trouver Agathe, & conclure avec elle La voicy justement.

SCENE XVII.

DORANTE, AGATHE, PASQUIN.

AGATHE *à part.*

JE vais bien me moquer de luy. Ha vous voila, Monsieur, il faudra donc que je vous cherche toute la journée.

DORANTE.

Ah pardon, ma charmante, j'ay eu une affaire indispensable.

AGATHE.

N'est-ce point plutôt que vous m'auriez fait quelque infidelité.

DORANTE.

Que dites vous là cruelle, injuste, ingrate, j'ateste le Ciel.

AGATHE.

Hé la, la, ne jurez point. Je sçay bien comme vous m'aimez.

DORANTE.

Mais vous qui parlez, est-ce aimer que de pouvoir attendre jusqu'à demain.

AGATHE.

Hé bien marions-nous tout à l'heure.

DORANTE.

Dites donc au papa qu'il abrege les formalitez; ces articles, ce contract me desesperent.

PASQUIN.

La sotte coutume pour les Amans qui sont bien pressez.

AGATHE.

Nous irons dans un moment trouver mon pere, & s'il nous fait trop attendre, nous-nous marierons tous deux tous seuls.

LE CHOEUR chante devers le Theatre.

Attendez-moy sous l'Orme,
Vous m'attendrez long-temps.

DORANTE.

Qu'entens-je ?

AGATHE.

C'est la noce d'un nommé Colin. Vous ne le connoissez pas.

PASQUIN *faisant un saut, va joindre la noce.*

Une noce ? ma foy je m'en vais danser.

SCENE XVII.

DORANTE, AGATHE.

DORANTE.

ILs s'avancent, cedons-leur la place.

AGATHE.

O il faut que je sois de cette noce-là.

DORANTE.

Quoy vous pouvez differer un moment.

AGATHE.

Si-tost que la noce sera faite nous nous marierons.

LE CHOEUR chante.

Attendez-moy sous l'Orme,
Vous m'attendrez long-temps.

DORANTE.

Pasquin voicy bien des circonstances.

PASQUIN.

C'est le hazard, Monsieur.

DORANTE.

En tout cas il faut faire bonne contenan-
Dorante se mêle avec les Villageois.
ce, fort bien mes enfans. Vive la Poitevine, Menuet de Poitou. Courage Pasquin.

On chante.

Prenez la fillette
Au premier mouvement,
Car elle est sujette
Au changement:
Souvent la plus tendre
Qu'on fait trop attendre
Se mocque de vous
Au rendez-vous.

PASQUIN *se mocquant de Dorante.*

Nous sommes trahis, on nous berne Monsieur.

DORANTE.

Cecy me confond.

LISETTE chante à Dorante.

Vous qui pour heritage
N'avez que vos appas,
L'argent, ny l'équipage
Ne vous manqueront pas;
Malgré vostre reforme
La veuve y pourvoira,
Attendez-là sous l'Orme,
Peut-estre elle viendra.

AGATHE chante à Dorante.

La fille de Village
Ne donne à l'Officier
Qu'un amour de passage,
C'est le droit du Guerrier,
Mais le Contract en forme
C'est le lot du Fermier,
Attendez-moy sous l'Orme
Monsieur l'Avanturier.

COLIN chante.

Un jour nostre goulu de Chat
Tenoit la soury sous la pate,
Mais alestoit pour ly tro delicate,
Il l'a lâchy pour prendre un rat.

PASQUIN.

Voila de mauvais plaiſans. Monſieur voſtre cheval eſt ſcellé.

Dorante veut tirer l'épée.

PIERROT *l'arreſtant.*

Tout bellement, où nous ferons ſonner le toxin ſur vous.

DORANTE.

Je viendray ſaccager ce Village-cy avec un Regiment que j'achetteray exprés.

LISETTE.

Ce ſera des denier de la veuve.

Dorante s'en va.

Le Village le pourſuit en dançant & chantant,

Attendez-moy ſous l'Orme,
Vous m'attendrez long-temps.

FIN.

www.ingramcontent.com/pod-product-compliance
Lightning Source LLC
LaVergne TN
LVHW022210080426
835511LV00008B/1692